DE

L'INFLUENCE

DE

LA LIBERTÉ DE LA PRESSE,

SUR

LES NATIONS ÉCLAIRÉES.

DE L'INFLUENCE DE LA LIBERTÉ DE LA PRESSE.

Des mots et des choses.

Je sais comment Ariste le prosateur et Philémon le poète ont acquis leur fortune et leur renommée ; je pourrais faire comme eux, puisque le champ où ils ont moissonné est toujours ouvert à l'ambition et à l'intrigue ; mais, humble citoyen de la terre, je veux fournir ma carrière sans bruit et sans éclat, et je ne vendrai pas mon talent aux ennemis de ma patrie. Eloigné, par ma position, de tout ce qui peut faire naître ou inspirer l'envie, libre et à l'abri de toute influence, je cherche la vérité au milieu du fleuve d'erreurs et de mensonges où les passions politiques l'ont noyée, et je la cherche en philosophe, sans partialité et sans prévention.

Que nos charlatans de tribune et de cour félicitent les nations éclairées sur l'avantage de leur position politique; moi qui voit partout des traces de la férocité républicaine et de la barbarie féodale, je ne prodiguerai pas un encens qui n'est pas dû, je laisserai à ce ramas d'ambitieux qui passent la nuit et le jour à faire de la politique de salon et de la polémique de journal, ce jargon sentimental et cette logique astucieuse avec lesquels on caresse toutes les passions et toutes les vanités; et dans le déplorable abus que la fureur de dominer a fait d'une des plus belles créations du génie, je tracerai une page de l'histoire du cœur humain.

Sans doute le sujet est vaste et digne d'une main plus habile que la mienne, mais puisque nos professeurs d'éloquence et de philosophie passent leur temps à fabriquer des théories et des systèmes étrangers au bonheur de leurs semblables, puisqu'ils préfèrent le fauteuil du conseiller d'Etat à l'humble chaire du philosophe et du moraliste, essayons de découvrir une vérité essentielle à notre conservation, remontons à la source du mal; voyons l'homme tel qu'il est, afin de démontrer ce qu'il doit être.

S'il est vrai que la science conduise à la perfection, l'intelligence humaine, arrivée à son plus haut période, devrait savoir se frayer la route de la vérité et du bonheur. Cependant, partout où les peuples ont atteint la force et la maturité de l'âge, on les voit inquiets, remuans, indociles, courir des préjugés aux erreurs, et du repos que donne la sagesse aux tourmens qui suivent la liberté; on les voit tantôt dévorer leur prospérité et leur puissance à l'aide d'une indépendance qu'ils ont chèrement acquise, tantôt se consumer et s'éteindre sous le joug d'un despotisme odieux, et, chose étonnante, partout où l'ignorance et la simplicité des mœurs patriarchales se sont conservées se trouvent avec l'harmonie sociale la tranquillité et le bonheur de la vie domestique. Sans doute plusieurs causes produisent ce bizarre contraste, mais les plus flagrantes aux yeux de l'observateur naissent de la marche incertaine et vagabonde de l'esprit humain et de cette force aveugle, ou plutôt de ce je ne sais quoi d'indéfinissable qui imprime aux œuvres du génie social un caractère d'instabilité et de mort.

Cependant, si le bien existe, si on peut l'apprécier et le saisir, s'il est immuable comme la pensée divine qui l'a fait naître, ceux qui sont appelés à gouverner les peuples ne devraient pas être si incertains sur le choix des moyens, ni si variables dans leur doctrine : les hommes sont partout les mêmes, le temps et les climats modifient, mais ne sauraient changer les élémens, essentiellement homogènes de la nature pensante, le cœur humain, qui nous paraît si volage, n'a pas comme Jupiter ou Mercure une révolution à subir ; il tourne comme le soleil autour de lui-même, et qu'on l'approfondisse dans un temps de barbarie ou à une époque de civilisation, qu'on le prenne dans un état d'ignorance ou dans une période de lumières, on le verra toujours avec les mêmes vices et les mêmes faiblesses. Il me semble donc que dans l'étroit orbite dans lequel gravitent les puissances de l'âme, il serait aisé à un législateur de bonne foi de trouver le bien et de le fixer dans les sociétés civilisées, et pourtant depuis Licurque jusqu'à Montesquieu, depuis Thermosiris jusqu'à Luther, il n'est pas de siècle qu'il n'ait vu modifier, changer ou détruire les systèmes religieux et politiques des peuples. Et que dit-on pour justifier ces oscillations de la science humaine, ce vagabondage du génie des gouvernans, que les mœurs qui sont aussi mobiles que le temps, que l'esprit qui se perfectionne de siècle en siècle, que la science qui croît par justa-position et qui se greffe dans le cerveau de l'homme, nécessitent des changemens continuels dans nos lois et dans nos croyances. Mais les lumières rendent plus évidens et plus stables les principes de la loi naturelle, et quant aux mœurs qui ne sont que des caprices de mode qui passent et disparaissent avec le temps qui les fait naître; s'il faut leur céder quelque chose, si cette coquetterie de la nature a besoin d'être ménagée, je ne vois pas qu'on doive lui sacrifier la tranquillité et le bonheur de l'homme social.

Mais ne cherchons pas à justifier un vice abominable, en lui assignant une cause juste et naturelle; ce ne sont ni les mœurs, ni les lumières, qui donnent aux institutions politiques leur peu de stabilité, mais bien ce moteur souverain, cette force attractive de la nature physique, l'égoïsme, en un mot, qui, pour s'approprier l'empire des jouissances sociales, foule au pied tout ce qui est juste et sacré, place ou déplace, édifie ou détruit, selon ses intérêts et ses caprices. Et ce qui est cruel à dire, ce penchant de bestialité et de sauvagerie, loin de céder à la force de la raison ou de se dissiper par l'éclat des lumières, devient dans l'état de civilisation extrême une passion infernale qui, pour se satisfaire, joue tous les rôles, se couvre de tous les manteaux, et sans condition et sans mesure, se livre contre la société à tous les travers de la trahison et de la perfidie.

Je montrerai bientôt que l'égoïsme est la cause première de toutes les variations politiques et religieuses ; que c'est lui qui porte dans les plus utiles institutions, comme dans les plus belles découvertes, un venin de corruption qui les rend par la suite méprisables et dangereuses ; je dois dire ici que, dans une nation éclairée, il est plus adroit, plus souple, plus insinuant, plus caché dans les replis du cœur, et beaucoup plus répandu que chez un peuple barbare, et par conséquent il est plus à craindre. Cette foule d'ambitions que la science fait naître, se jettent dans la société et la tyrannie ; chacune d'elles veut vivre aux dépens de la crédulité et de l'ignorance populaire ; chacune veut cacher son immoralité et son avarice sous le masque du bien public ; de-là ces systèmes, ces théories, ces croyances qu'on voit éclore de toutes parts, et qui sont d'autant plus dangereux qu'ils font beaucoup de dupes et nourrissent beaucoup de fripons. Dans cet état de choses on sent combien il est important que la législation soit forte, combien ses principes ont besoin d'être purs, naturels, et clairement exprimés, quand l'égoïsme est dans tous les cœurs, qu'il étouffe et dévore toutes les vertus patriotiques, et qu'il a les yeux fixés sur tout ce qui a quelques avantages sociaux, il ne faut pas que ceux qui sont appelés au grand œuvre de la restauration des lois, nourrissent des préventions et convoitent des privilèges, ils doivent se niveler autant que possible, et pourtant mettre à sa place ce que Rousseau appelle l'invincible nature; je veux dire ne jamais permettre la licence, car la nature chez les nations éclairées n'est autre chose que l'égoïsme coiffé de toutes les habitudes sociales, et l'on sait combien ce penchant est envahisseur et tyrannique.

Je voudrais donc, lorsqu'on établi une constitution pour une nation éclairée, qu'on fût bien convenu de la valeur des mots et de celle des choses, que les droits et les devoirs des gouvernans et des gouvernés fussent invariablement fixés et universellement compris, autant pour éviter toute funeste équivoque que pour ôter aux ambitieux l'espoir de créer des hérésies politiques, ce qui se passe sous nos yeux; cette foule de passions qui se croisent et se déchirent entre elles, ce charlatanisme déhonté des partis, cet ergotage, ces sophismes, ces subtilités de nos aspirans au pouvoir, ne parlent pas en faveur de notre raison et de nos lumières, et semblent nous ramener au temps où les moines de Bizance se condamnaient et se brûlaient mutuellement pour des mots qu'ils n'entendaient pas; si nous voulions tirer le rideau qui cache nos erreurs et nos folies révolutionnaires, nous verrions combien les équivoques, les ambiguités, les fausses interprêtations sur les principes et les droits sociaux ont servi l'hypocrisie et les passions des partis, combien elles ont été utiles à nos grandes capacités politiques, et peut-être fléchirions-nous moins le genou devant des hommes qui ne doivent leurs illustrations qu'à quelques figures de réthorique et à beaucoup de fourberies. Qui eût dit que celui qui chantait la messe au Champ-de-Mars, le jour de la Fédération, au nom de la puissance populaire, aurait sauté d'un gouvernement à l'autre jusqu'à celui de 1830, et qu'après avoir salué Robespierre, Napoléon, Louis XVIII, Philippe Ier, il aurait trouvé une expression dans la langue française pour prouver que ses variations et ses sermens sont le fruit de ses vertus civiques. Mais il n'est pas temps encore de découvrir les masques ; avant de parler des hommes il convient de parler des mots et des choses, et d'analyser ceux qui, pendant quarante ans, ont alimenté nos discordes civiles.

Si je demande à un million de publicistes ce que c'est qu'un peuple, ils me répondront tous : C'est une agglomération d'hommes renfermés dans une limite géographique, qui parlent la même langue, et qui vivent sous les mêmes lois ; mais si je veux savoir quels sont les droits et les facultés de ce peuple, l'un me répondra d'une manière et l'autre d'une autre, de sorte que je saurais que les races d'hommes qui habitent certaine langue de terre ou certaine crête de montagne, et qui ont des lamas ou des brames pour souverains sont des peuples, mais je ne pourrais décider s'ils sont faits pour gouverner ou pour obéir; ce défaut de science, commun à la plupart des hommes est, sans qu'on s'en doute, le sujet de toutes nos divisions et de toutes nos querelles. Si les fractions populaires qui servent les partis, dans l'idée de satisfaire des vanités ou des prétentions mal fondées, connaissaient la physiologie d'un peuple, si elles savaient apprécier ce qu'on appelle ses droits, son pouvoir et sa force, elles ne sortiraient jamais du respect qu'elles doivent aux lois, et laisseraient au temps et au jeu des circonstances le soin de détruire ce qui n'est pas juste et raisonnable. Tout ce qu'on a dit depuis un demi-siècle, pour ou contre le peuple, n'a servi qu'à corrompre l'esprit et à démoraliser les opinions populaires. Si, en faisant l'éducation libérale du peuple français, les républicains de 93 ne l'eussent pas trompé sur les mots et les choses, la révolution n'aurait paru que pour opérer le perfectionnement des esprits et des mœurs, et pour épurer le système politique de la France.

Un peuple, phylosophiquement parlant, est un être moral dont la volonté immuable réside dans la conscience qu'il a de sa conservation et de son bonheur. Ce qu'on appelle la force et la puissance du peuple est cette volonté droite et juste qui domine toutes les volontés et toutes les opinions, qui fait plier l'ambition et la tyrannie, et qui est la cause première de la prospérité ou de la chute des empires. La voix du peuple n'est autre chose que cette volonté qui agit sur tel ou tel évènement. C'est en ce sens que je pourrais dire : Le peuple est souverain, puisqu'il a une puissance qui commande et une force qui entraîne; mais cette souveraineté est toute morale et n'a rien d'humain; toutefois, son influence sur le corps politique n'est pas sans importance, car si elle n'a pas la vertu de créer, ni la force de diriger, elle sert toujours de règle à un sage législateur et à un bon roi. Mais si on appelle peuple les masses ou les fractions populaires, on peut alors raisonner dans un autre sens, et prêter à ces divisions et subdivisions de la société une volonté matérielle des passions et des caprices, des vices et des vertus, et alors je dirais : Le peuple a des yeux et une intelligence, mais il ne voit et ne comprend le mal que lorsqu'il est fait; il n'a ni l'instinct de prévoir, ni celui de prévenir qui est l'âme d'une grande et solide politique, et s'il juge le passé avec sagesse et équité, le présent lui échappe et l'avenir est pour lui un néant. C'est au défaut de tact, à l'impossibilité d'exercer une action morale sur l'empire des circonstances, et non à l'indifférence pour le bien ni à l'amour pour le désordre, qu'il faut attribuer son inconstance et ses erreurs, et ce sont ses incertitudes et son ignorance qui le rendent tout à la fois l'instrument et la dupe des ambitieux ; incapable de penser et d'agir sans une impulsion étrangère, il ne peut calculer les chances de sa destinée, ni se créer un point d'appui dans la vie politique, et par conséquent dans aucun cas possible, il ne saurait exercer sciemment aucun acte de souveraineté ; ainsi le peuple ne peut pas être souverain, et qui dit la souveraineté du peuple dit une chose absurde. Il ne faut pas croire aussi que les fractions populaires puissent jouir d'aucun pouvoir ni exercer aucun acte d'autorité ; il faudrait pour cela qu'elles puissent méditer et se tracer une conduite, et elles en sont incapables. Le prétexte d'améliorer leur sort, les fait sortir souvent du respect qu'elles doivent aux lois. Eh bien ! elles n'agissent jamais que par passions et par un aveugle délire, et l'amour même du bien les conduit au crime. Voyez-les, lorsqu'elles se révoltent, quand même la vertu politique les animent, elles ne font que de l'anarchie et de la terreur ; elles renversent, elles détruisent, et lorsqu'elles ont régné quelques instans sur des débris et des ruines, elles rentrent dans l'ordre, et laissent aux plus habiles le soin de les gouverner. Ce que je dis ici est arrivé à Rome, à Athènes, à Londres, à Paris, et partout où le peuple a aidé à faire des révolutions ; mais, l'année 1830 offre un exemple qui devrait à jamais guérir le peuple de toute idée de souveraineté et de pouvoir. Le 29 juillet le peuple parisien était vainqueur, le 30 il était maître, et il pouvait jouir de ses avantages, puisqu'il avait la force. Eh bien! il ne prit pas même la peine d'imiter nos aïeux lorsqu'ils élisaient un chef. Le 31 il rentra dans ses ateliers, et laissa à M. Lafayette le soin de fonder la meilleure des républiques. Action sublime sans doute, et qui prouve que les soldats-citoyens sentirent leur sottise, et que leur général comprit leurs besoins.

Le système de Rousseau sur la souveraineté du peuple est un paradoxe, il n'est pas vrai que les sociétés humaines se soient formées sous la foi du contrat. Les rois, les conquérans, les patriarches, les hommes supérieurs, en un mot, par leur génie et par leur courage, ont seuls réunis les hommes et leur ont donné des lois sans conditions préalables. La raison et la nature ont lié après les gouvernans et les gouvernés, par des droits et devoirs réciproques. Le temps et les lumières ont fait le reste; la souveraineté a toujours appartenu à celui qui a été assez puissant pour donner des lois aux nations, et assez fort pour les faire respecter, et elle s'est toujours conservée et légitimée dans les familles qui ont eu en partage cette vertu politique, que l'abbé Barthélemy appelle l'amour de la patrie.

Et, il faut le dire, c'est cette vertu qui peut seule

maintenir la puissance et le pouvoir dans les mains de ceux qui les possèdent ; c'est elle qui captive et entraîne cette opinion, fruit spontané de la volonté générale, que Voltaire dit être la reine du monde, et qu'il ne faut jamais confondre avec ce sentiment populaire, qui se forme et se mûrit par l'esprit des journaux, et par les insinuations perfides des partis.

Les aspirans au pouvoir, je veux dire ceux qui cherchent à renverser celui qui existe (et cette race ne périt jamais), ne manquent pas, pour donner de l'importance aux fractions populaires qui leur sont dévouées, de mettre en avant la théorie des majorités. Ils disent que lorsque l'opinion dominante a prononcé pour ou contre un mode gouvernemental, le jugement est souverain et sans appel ; ils prétendent, et l'on sait pourquoi, qu'un ministre qui n'a pas pour lui l'opinion, doit céder la place à un autre ; ces raisons doivent avoir quelque apparence de vérité aux yeux des rois de France, puisque depuis la restauration, le trône ministériel a vu passer plus de deux cents dynasties, mais elles ne sont pas assez fortes pour me convaincre.

Dans une nation éclairée, l'opinion change et varie au gré de la presse périodique, qui n'est pas toujours exempte de passions et d'intrigues. Les majorités populaires sont le plus souvent démoralisées et vendues. Les fédérations et les assemblées politiques, ne servent qu'aux intrigans qui ambitionnent la puissance, et elles n'engendrent que des guerres et des dissentions civiles qui tuent les rois et les peuples mêmes.

La preuve que l'opinion dominante et les majorités populaires ne représentent ni le peuple ni ses intérêts, ce qu'elles changent selon l'impulsion qu'on leur donne, c'est que la volonté du peuple est immuable et incorruptible.

Pour savoir quel cas il faut faire de l'opinion dominante dans une nation éclairée, on n'a qu'à lire les journaux de la veille et du lendemain, au moment d'un changement de ministère. Ce sont toujours des malédictions pour ceux qui sortent, et des malédictions pour ceux qui entrent. Cela ne fait rien sans doute, mais cela dit que dans un siècle de lumières, la fièvre des grandeurs, la rage d'être quelque chose, tourmentent les plus petites médiocrités, comme les plus petits génies ; tandis que dans un siècle barbare, il n'y a que les hommes supérieurs et les grandes vertus qui osent se mettre au-dessus de l'égalité commune, et se permettre de gouverner et de se faire obéir ; si on veut encore se faire une idée des assemblées et des majorités populaires, on n'a qu'à lire ce qui se passa dans les fédérations que maladroitement les Girondins imaginèrent, et on se convaincra que l'éloquence des sophismes et des subtilités, peuvent conduire les hommes à tous les excès de la démagogie, créer à volonté des majorités factices, des forces matérielles, et même des réputations colossales.

Et comment peut-on soutenir que l'opinion dominante est l'expression solennelle du peuple, lorsque cette opinion est, le plus souvent, produite par l'influence de quelques voix ambitieuses ou de quelques plumes intéressées; comment peut-on dire qu'elle n'est point susceptible d'erreur lorsque les passions et l'égoïsme en sont l'âme; comment peut-on donner encore comme une vérité politique, que les majorités populaires restent toujours saines, lorsque les majorités législatives se pervertissent et se vendent. Ne se rappelle-t-on plus des orgies de 91? a-t-on oublié que naguères un ministre de Charles X avait ses fidèles comme Napoléon ses muets? mais, non, on n'a rien oublié, on veut seulement tromper le peuple par des sophismes et l'entraîner à de nouvelles erreurs.

Si je parle si longuement sur un sujet sur lequel tous les hommes sages sont d'accord, c'est pour convaincre les fractions populaires que la souveraineté et la puissance ne sont point les attributs du peuple, que leur opinion et leur volonté particulières ne représentent rien, si ce n'est la volonté et l'opinion d'un parti ou d'une faction, et que ceux qui les poussent à la révolte, sous prétexte de les émanciper de l'esclavage des lois, les conduisent au crime.

J'ai dit ce que j'entends par peuple, souveraineté et opinion, non pas en publiciste, mais en philosophe qui voit les choses comme elles sont, et qui croit qu'elles sont encore bien loin de ce qu'elles doivent être. J'attribue les erreurs du peuple à son ignorance et à ses faiblesses, et les désordres et les malheurs des états à l'esprit d'égoïsme qui domine souverainement les prétendans au pouvoir, puisque, dans aucun cas possible, le peuple ne peut se fier à ce ramas d'ambitieux qui le flattent et le caressent pour l'écraser et le dévorer plus tard; je soutiens que c'est de la sagesse et de la probité de ceux qui gouvernent, et de la confiance qu'il leur accorde, que dépendent sa conservation et son bonheur, et que si la soumission et l'obéissance ne sont pas des devoirs absolus, elles deviennent pour l'intérêt général et même pour l'intérêt particulier, une nécessité impérieuse.

Toutefois, que ceux qui gouvernent ne se méprennent pas sur les sentimens qui me dominent, je ne suis pas élève de Grotius, j'abjure l'esclavage et n'admet point des droits imaginaires; qu'il se trouve parmi le peuple de nombreux hypocrites qui cherchent à faire croire, et des dupes qui croient que Dieu a moulé tout exprès un homme pour en gouverner trente deux millions, cela est possible; moi je pense, sans pour cela nier le pouvoir infini de la Divinité, que c'est le plus souvent au caprice de la fortune que les gouvernans doivent leurs périlleux avantage.

Et dans cette hypothèse, je soutiens que s'il est de l'intérêt des peuples d'accorder une entière confiance à leurs princes, il est de l'intérêt des princes de la mériter. Au pied de cette même fortune qui les a élevé au faîte de sa roue, viennent se briser tous les trônes et s'évanouir toutes les prospérités que la vertu ne soutient pas; et quelque grandes que soient les forces matérielles qui les soutiennent, quelque puissant que soit le génie qui les seconde, s'ils sont partis d'un faux principe, s'ils roulent dans le cercle vicieux de l'arbitraire, ils ne doivent jamais compter sur le lendemain. Du reste le but unique de toute société politique, est de se conserver et de vivre dans une prospérité toujours croissante, et dans des jouissances soutenues. Si celui qui est à la tête de cette société n'est pas embrasé du feu sacré de la patrie, s'il ne fait pas jouir les membres de cette société, par le travail, l'industrie et une sage indépendance, de tous les avantages de la vie physique et morale : s'il ne court pas au-devant de toutes les affections, s'il ne confond pas, en un mot, ses interêts avec celui de tous, il perd cette force morale qui rend indissoluble le lien qu'il a formé, il s'isole et vit en dehors de l'enthousiasme et de l'amour du peuple, et au moindre revers, il tombe comme cette feuille d'automne que le plus léger souffle détache de sa tige nourricière. Telle est la cause unique et constante de la chûte de tous les empires, et l'histoire est là pour instruire les gouvernans.

Cependant il ne faut pas croire que pour un roi, l'amour de la patrie réside dans une affection sentimentale, et dans un délire ou un abandon du cœur ; un prince n'est pas un amant, c'est un père, en bonne politique ; vouloir la gloire et la prospérité du peuple, c'est amour ; joindre le courage à la sagesse et la force à l'équité, c'est vertu ; connaître l'esprit de son siècle et savoir le diriger, donner l'impulsion aux masses et ne jamais souffrir qu'aucune puissance étrangère la donne, c'est talent ; avec ces trois qualités on peut prétendre à gouverner les hommes avec quelques succès, encore faut-il, pour gouverner long-temps une nation éclairée, fermer l'oreille aux bruissemeus des passions, et n'avoir ni cœur ni entrailles pour toute ambition factieuse ou téméraire.

Que si on me demande pourquoi moins de tolérance et de douceur dans un siècle de lumières que dans tout autre, je dirai que dans ce siècle, le mal dans l'ordre politique se fait sciemment et avec préméditation; que les ambitieux étudient, combinent de sang-froid et avec esprit leur plan d'attaque et de défense; que sans moralité et sans principes, et livrés tout entiers à leur égoïsme, il n'est ni serment, ni affection, ni vertu, ni probité, ni opinion qu'ils ne sacrifient pour arriver à une déplorable célébrité. On les voit tantôt amis, tantôt ennemis, tantôt unis, tantôt divisés, selon que leurs intérêts sont plus ou moins compromis, ou plus ou moins satisfaits, et ils ne sortent jamais de cette tactique abominablement perfide, influencer le pouvoir contre le peuple et le peuple contre le pouvoir.

Cet impudent machiavelisme est la cause de nos malheurs et de nos désordres; c'est lui qui dévore nos prospérités et notre gloire, qui use nos sentimens généreux, notre esprit national, notre force politique; c'est lui qui nous cathégorise en partis et en factions, et qui exploite nos séditions et nos révoltes.

Lisez l'histoire des variations et des fourberies de

nos nouveaux parvenus, voyez avec quelle grossière impudeur ils procèdent à leur élévation et à leur fortune. Sortis des bancs de l'école avec quelques principes de morale et d'équité, ils ne parlent que de droits, de liberté, d'intérêt général, de vertus civiques; en les écoutant, on croit entendre des hommes sans préventions et sans faiblesses, et on se dit avec plaisir : Voilà ce que Diogène cherchait. Mais bientôt ces citoyens si forts en principes et en vertus se lassent de végéter dans le cercle étroit de la considération publique, leur vanité souffre de n'avoir que la fortune et la simple réputation d'un modeste savant, et soudain ils sautent de la chaire du portique à la tribune aux harangues, alors l'homme disparaît et l'hypocrite se montre; du haut de cette phare de l'ambition ils mirent le pouvoir qu'ils convoitent, et pour y arriver ils sont platoniciens, épicuriens, légitimistes, doctrinaires; ils sont tout ce qu'on veut. Et passe encore pour ceux qui arrivent : cloués sur quelque fauteuil doré, ils se contemplent dans leurs prospérités et gardent le silence; mais ceux qui n'arrivent point et qui se trouvent encore au bas de l'échelle, c'est bien autre chose, c'est la colère, c'est la jalousie, c'est l'égoïsme personnifié qui répand à pleine main le poison de la calomnie sur les heureux favoris de la fortune. Crieurs publics de la politique subalterne, antagonistes nés de tout ce qui existe; Aristarques sévères du pouvoir, jamais le peuple n'a eu de si zélés défenseurs, ni les lois de meilleurs interprêtes; rien n'échappe à leur perspicacité, tout passe au creuset de leur sagesse. Et, chose unique, il semble qu'une force répulsive les éloigne des considérations de bienséances qu'ils doivent au pouvoir. Il n'est pas d'expressions assez grossières qu'ils n'emploient pour le déconsidérer et le flétrir, pas de moyens assez bas qu'ils n'inventent pour déverser sur lui le mépris et la haîne; il suffit d'être ministre pour être à leurs yeux un fourbe, un traître, un apostat; leur antipathie pour la matière gouvernante est si aveugle, que si, par la grâce de Dieu, un ange descendait du ciel pour diriger le gouvernement du roi, le jour de son installation il ne serait plus ange, ce serait un Astaroth, un Béelzébuth, ou bien un républicain, un carliste, un doctrinaire, et de plus, une bête. Voilà la tactique de nos aspirans au pouvoir; voilà pourquoi, malgré nos prospérités industrielles, nos ressources territoriales et notre force civique, nous ne sommes jamais heureux ni tranquilles, et ce sont là les raisons qui me font croire que la tolérance dans un siècle de lumières, pour tout ce qui sent le parti et la faction, est impolitique, je veux dire contraire aux intérêts du corps social. Lorsqu'un parti peut attaquer et combattre impunément le pouvoir qui existe, il devient bientôt une puissance prépondérante, et si pour le détruire le gouvernement n'appuie pas sa force morale sur une force de caractère, il est bientôt dominé et envahi, ce qui est le pire de tous les maux, car alors il n'est plus le magistrat souverain du peuple, le protecteur de ses droits et de son indépendance, mais l'agent forcé d'un tourbe d'intrigans. Cette vérité est trop évidente pour n'avoir pas été sentie dans tous les temps par les hommes supérieurs qui se sont trouvés à la tête des affaires; jamais un gouvernement qui a bien compris ses devoirs et ses intérêts n'a souffert qu'une puissance particulière balançât ou neutralisât sa puissance : une politique conservatrice le veut ainsi. Les Templiers, qui avaient fait des choses si nobles et si héroïques ; les jésuites, qui en avaient fait de si grandes et de si utiles, furent détruits parce qu'ils étaient trop puissans. Dans ces condamnations Philippe-le-Bel et Louis XV furent sévères, et peut-être injustes, mais ils furent sages et conséquens dans toute la rigueur de l'expression ; et il ne faut pas croire que ce principe de politique soit une exception dans l'ordre naturel des choses applicables seulement aux gouvernemens despotiques et barbares ; les républiques anciennes, lors même qu'elles étaient les plus polies et les plus éclairées le suivirent avec une rigoureuse cruauté ; elles ne craignirent pas de sacrifier les plus nobles vertus et les plus belles illustrations pour des intérêts de pouvoir. Socrate fut condamné à mort et Aristide à l'exil parce que la vertu de l'un et la sagesse de l'autre étaient devenues des puissances.

Dans un siècle de lumières, on ne saurait guérir l'égoïsme : c'est la maladie incurable du cœur humain; mais on peut le rendre moins exigeant et moins perturbateur. Toutefois, si pour le salut du peuple il faut que les gouvernans soient à l'abri de l'influence des partis et des coups de leurs perfidies, je n'entends pas que ce soit par des moyens extrêmes qu'il faille arriver à cette fin, les échafauds et les chaînes sont de mauvaises armes pour vaincre les résistances de l'ambition, et lorsqu'au lieu de punir on se venge, on risque de subir la peine du Tallion. Cette vérité, que Jésus-Christ fit comprendre à Pierre, la révolution la fit sentir à ceux qui la provoquèrent, et elle doit convaincre les gouvernans que ce n'est que par le glaive des lois que l'on doit détruire ce qui est dangereux et funeste à la société. Depuis 1789 jusqu'à 1832 (je mets à part le règne glorieux de Napoléon), je remarque qu'un esprit de perturbation et de désordre s'est comme naturalisé dans le corps social, et lorsque j'en cherche la cause, je crois la trouver dans une puissance rivale de la puissance gouvernante, puissance qui a toujours cherché à envahir ou à dominer le pouvoir, non pas dans l'intérêt du peuple ni dans celui d'une sage et solide administration, mais pour les ambitieux dont elle devient l'organe et auxquels elle prête trop souvent sa force et son influence. Certes, je ne suis pas comme ce fameux écrivain, dont j'admire du reste la sublime intelligence et les nobles sentimens, qui, pour avoir voulu émanciper l'esprit de son siècle, a provoqué le renversement des principes qu'il s'est toujours plu à défendre; je ne vois pas avec des yeux de prédilection et une tendresse de père la liberté de la presse, et si je dis le bien qu'elle a dû faire et celui qu'elle aurait toujours fait si la vertu patriotique ou une force morale eussent dirigé ses efforts; je ne cacherai pas non plus la maligne influence qu'elle exerce sur les nations éclairées. Mais avant de traiter un sujet si vaste et si chatouilleux, avant de montrer que si l'univers doit des bienfaits à la presse, la révolution lui doit ses désordres, la restauration sa chûte et la dynastie de juillet sa faiblesse. Le plan que je me suis tracé m'oblige de faire l'histoire de l'égoïsme, afin de montrer combien son empire est odieux et funeste.

De l'Egoïsme dans l'Homme sauvage, et de ses effets sur l'Homme social.

RIEN de plus naturel, lorsqu'on écrit en politique, que de se laisser entraîner par les idées que nous inspire l'état dans lequel on trouve la société. Ce furent l'esprit et les mœurs de leur temps, qui firent pencher Grotius pour le despotisme, Montesquieu pour les monarchies tempérées, et Rousseau pour les gouvernemens libres. Cette confiante erreur a fait croire aux publicistes modernes, qu'on pouvait arriver à un systême gouvernemental permanent et prospère, en prenant les hommes tels qu'ils sont et le temps comme il vient. Les législateurs anciens ne pensèrent point ainsi. Ils crurent voir dans la qualité perfectionnante de l'homme, l'arbre de la science du bien et du mal, et ils fondèrent l'édifice social sur des lois sévères qui, donnant à la civilisation une marche lente et insensible, la firent arriver sans ébranlement et sans désordre au plus haut point de force et de grandeur.

Obligé de manifester mon opinion, et entraîné peut-être par les mêmes causes qui ont séduit ceux dont je blâme l'imprévoyance, je crois qu'il est impossible de gouverner les hommes éclairés avec avantage et bonheur, si les lois qui établissent leurs droits et règlent leurs devoirs, ne refoulent en arrière de leur âge, les exigeances multipliées et toujours croissantes de la nature. C'est une erreur de croire que l'espace qui les sépare de l'état sauvage, donne à leur raison un pouvoir souverain; ce sont toujours les mêmes appétits et les mêmes besoins qui les dominent. Tout se lie et se sympathise dans l'organisation des êtres par des analogies et des rapports infinis; tout arbre tient à la terre par sa racine. L'homme sauvage est l'ambryon qui renferme la force et la grandeur de l'homme social. C'est la terre vierge, sur laquelle le temps imprime le stygmate de la fécondité, lorsque l'hiver de la vie physique est passé, ses facultés germent et grandissent de période en période, et l'homme éclairé n'est autre chose que la fleur épanouie de l'espèce.

Mais à toutes les époques de la civilisation, la nature domine sa raison et son intelligence, et elle sacrifie ces deux sublimes attributs de la puissance morale à ses penchans et à ses caprices.

Sans doute on doit épurer la législation de tout ce que le despotisme et la barbarie lui ont laissé d'odieux, mais il faut la laisser toujours un peu en arrière des mœurs et de la moralité d'un peuple, sans cela elle devient bientôt l'expression vivante des passions, et elle n'est plus la sauve-garde de la société.

C'est donc dans l'état sauvage qu'il faut chercher la cause première de cet égoïsme dominateur qui rend les nations éclairées si difficiles à gouverner et souvent si injustes envers ceux qui les gouvernent.

Dans cet état, l'homme ne trouve le bonheur que dans le repos : aussi ne s'occupe-t-il que pour satisfaire ses besoins. Sans goût, sans désirs, sans passions, et n'agissant que par le seul instinct de ses appétits, il mange ce qui lui est propre, et se satisfait là où il trouve, uniquement occupé de lui, ne voyant que lui, sacrifiant tout ce qui n'est pas lui, ou pour lui, il ne connaît que sa volonté brutale et le néant.

O toi qui te vois élevé au faîte de l'échelle sociale par ton génie et ta fortune ! homme éminemment social, grand dignitaire de ton espèce, descends un peu en toi-même? approfondis-toi un instant. Dis-moi si tes vertus comme tes vices ne sont pas la pâture de ton corps? et si tu crois que je ne te rends pas justice, prends l'*Histoire de la civilisation*, lis, médite, et dis-moi ce que tu es?

Cette indifférence pour tout ce qui ne sourit pas à ses appétits, cette absence de tout sentiment de confiance et d'amour, cet abandon cruel qui fait de de la femme après le plaisir, et des individus de son sang dès qui leur a fourni les premiers élémens de la vie. C'est ce que j'appelle l'égoïsme de l'homme sauvage.

Qu'on ne me blâme pas si je qualifie d'un nom odieux un penchant conservateur qui, dans l'état de bestialité, assure l'existence de l'individu sans nuire à l'espèce, on verra par le travail de la civilisation que ce penchant devient un vice abominable qui s'incarne dans la société pour la consumer et la détruire.

Quoi qu'en disent certains philosophes, l'état sauvage est celui qui est le plus propre aux dispositions constituantes de l'homme et celui qui convient le mieux à ses goûts naturels, et il n'y a que des causes indépendantes de sa volonté qui puissent l'arracher au sommeil de la nature. Ces causes sont l'excès de population qui fait naître les privations et les besoins; le contact des individus, qui inspire les rivalités et la crainte, le climat et le sol qui renferment la stérilité ou l'abondance.

Là où la propagation est lente, la terre ingrate, le climat froid ou brûlant, les communications peu faciles, la société n'a jamais que de faibles anneaux, et l'âme, qu'une vie très-bornée; ce n'est que sous les zones tempérées et partout où le soleil, par un feu modérateur, donne à la nature une animation forte et rapide, que le génie social se développe; et c'est là que nous allons voir marcher le genre humain pour mieux apprécier l'influence funeste que l'égoïsme exèrce sur ses destinées.

Supérieur à tout ce qui a la vie, maître absolu de ses volontés, l'homme sauvage a déjà parcouru en souverain la terre qui l'a vu naître, disposé des richesses de la nature, forcé les animaux à l'obéissance. Cependant il est pensif et rêveur ; il a des craintes et des méfiances ; et tout ce qui frappe ses yeux et ses oreilles l'étonne ou l'épouvante. Au milieu de ce vague indéfini où le néant de la vie physique l'a jeté, il commence à méditer la pensée et à mûrir dans un pénible repos la crise d'une métamorphose sublime. Sa science, il est vrai, ne repose encore que sur des traditions incertaines ; mais un esprit de prévoyance éveille son génie et fait germer sa raison ; il combine ses pensées, il les étudie, il les classe, il cherche à savoir quel est le but de la vie et la cause de ses sensations. Déjà il a connu les privations et la souffrance ; il sait d'où sont partis les coups qui ont ébranlé sa douce et languissante félicité, et il ne veut plus d'une puissance qui l'importune, ni d'une liberté qui l'inquiète ; on ne le voit plus, se confiant dans sa propre force, courir isolément et à l'aventure ; il devient liant et communicatif ; il invente une relation de pensées et de sentimens, et c'est de ce mouvement d'attraction morale que se forme l'assurance mutuelle de l'espèce et le premier chaînon de la société.

L'homme, comme on voit, sort de son enveloppe sauvage, non pas par dégoût pour des habitudes qui lui sont chères, mais pour assurer le présent et fixer l'avenir; cette prévoyance est nécessaire à l'intérêt de son être, mais elle montre que l'égoïsme des sens est la suprême loi de la vie et la cause première de toutes les épidémies sociales.

En se liant pour se conserver et améliorer son sort, l'homme n'entend pas se donner des chaînes ni s'imposer la condition d'obéir à son égal, mais se sont là les conséquences de son nouvel état, l'accroissement et la variété des plaisirs et des avantages sociaux, font naître les désirs et l'envie, et inspirent le goût de l'usurpation et du pouvoir.

L'égoïsme qui, dans l'état sauvage n'est rien que le besoin de la vie, se dépouille dès la naissance des sociétés, de ses formes tutélaires et pacifiques. D'abord, il se change en désir ardent, ensuite en passion brutale; il devient le père de l'ambition et de l'orgueil, il prend le devant sur l'intelligence et se fait le tyran de toutes les puissances de l'âme. Dans les aggrégations d'homme, il est injuste et cruel, il trouble et dévore tout ce qui a un principe d'ordre et de paix; enfin il est la racine vivace du mal, et c'est par lui que les passions reçoivent la vie.

Dans le principe, l'inégalité des conditions dériva de l'inégalité naturelle, et la hiérarchie sociale fut fondée sur les supériorités physiques et intellectuelles. Les hommes ayant reconnu que la force et le génie étaient des puissances, se laissèrent gouverner par eux, et l'intérêt et la crainte furent la cause de leur soumission; du moment que cette concession fut faite, la société se divisa en gouvernans et en gouvernés; soumis à un pouvoir souverain, n'ayant qu'une volonté sans force et une force sans action; les gouvernés ne furent jamais que des inutilités dans l'ordre politique, et le bien et le mal social ne purent jamais leur être imputés; mais il n'en fut pas ainsi des gouvernans, l'obligation qu'ils s'imposèrent de diriger les hommes les rendaient responsables, aux yeux des nations, de tous les maux dont elles furent frappées; et les nations durent aussi leur tenir compte du bien qu'elles en avaient reçu.

Je veux croire que dans le premier période de la vie sociale, le bien et le mal ne furent pas bien compris, que la justice et la raison n'eurent pas une physionomie et des caractères propres; mais la loi naturelle était gravée dans le cœur, c'est elle qui avait forcé les hommes à s'associer, et elle leur avait donné le sentiment de leurs droits et de leurs devoirs. Qui mieux que les gouvernans pouvaient apprécier la force de cette loi et les élémens de bonheur et de prospérité qu'elle renferme. Qui mieux qu'eux pouvaient donner à la marche progressive de l'esprit humain une direction sublime et pure. Eh bien! à peine il est reconnu qu'il y a des maîtres et des esclaves, que l'égoïsme cherche à exploiter la faiblesse et la confiance au profit de ses appétits sauvages. Il inspire à ceux qui ont la force et la puissance, le coupable désir de dominer par l'arbitraire et les préjugés, ainsi il empoisonne dans sa source le fleuve de la vie sociale et rend pour jamais impossible le règne de la justice et de la vérité, et c'est au moment que les facultés morales se développent, que les affections naissent, que les liens se forment; c'est lorsque l'esprit et le cœur ont fait un pas dans la carrière du perfectionnement que l'égoïsme des sens établit sa puissance absolue; il dispose de la destinée des peuples, il crée dans les sociétés naissantes des cathégories de dominateurs. Il dit aux uns, vous régnerez par la puissance du glaive; aux autres vous asservirez les hommes par la fourberie et le mensonge, les premiers passent sur la terre comme les ouragans qui ne laissent après eux que la misère et la mort; les seconds, plus funestes encore, retrempent dans la boue de l'ignorance et des préjugés le génie social, et font des hommes un troupeau de fanatiques.

Entre l'ambition qui s'alimente par la force et l'ambition qui se soutient par l'ascendant de la superstition, le choix n'est pas douteux pour un philosophe.

L'esprit de conquête ébranle les empires et désole les nations, mais il n'avilit pas l'espèce humaine; et s'il imprime sur le sol qu'il profane de longues traces de malheurs, il laisse au moins quelques germes de prospérité. Les conquêtes d'Alexandre et de César éveillèrent la sympathie mutuelle des peuples, elles établirent un commerce de relation entre les races diverses, et portèrent les lumières du monde civilisé dans les déserts de l'Asie et de l'Europe. Les courses sanglantes de Mahomet, de Tamerlan et d'Attila opérèrent un ébranlement général dont l'effet moral fut à l'avantage de la civilisation; ces myriades de barbares qui, restés isolés dans quelques coins de la terre, ne vivaient que de vol et de brigandage, sortirent de leurs repaires pour suivre le char de la conquête; ils se lièrent avec les peuples vaincus, ils se plièrent à leurs habitudes, et enfin ils devinrent la souche de ces nations qui se font gloire aujourd'hui d'être les premières de la terre; l'esprit de conquête n'a d'ailleurs qu'une influence immédiate et temporaire sur la destinée des peuples: la mort en détruit la cause, et le temps en guérit les effets.

Mais l'esprit de superstition se perpétue et a un caractère de perversité qu'aucune vertu ne tempère; il est fourbe et cruel; il a tous les vices de la bassesse et tous les goûts de la tyrannie; toujours caché, toujours rempant dans le cercle étroit de l'ignorance, il flétri et tue le génie, il avilit et traîne à la remorque les nations, et les fait périr de consomption et de misère. Dans sa marche envahissante il remplit l'univers de folies et de crimes; il allume le bûcher des Brames, éguise le couteau des Druïdes, et fourni des victimes à Jupiter. En Égypte, il divinise les animaux les plus immondes; en Grèce, les héros plus barbares; à Rome, les vices les plus bas.

Voilà l'esprit que l'égoïsme a fait régner sur la terre depuis la naissance des sociétés; et quelle autre passion que celle de la vie animale aurait pu soutenir pendant des milliers de siècles la superstition et ses horreurs. Si les oracles de Delphe et d'Ammon furent si fourbes et si audacieux; si les prêtres de Osiris et de Myrsa cachèrent dans une théogonie aussi absurde que ridicule les effets de cette puissance qui régit le monde; s'ils créèrent des démons et des dieux pour inspirer la frayeur et la crainte; s'ils gardèrent la vérité dans le sanctuaire pour la dérober aux yeux des mortels; s'ils renfermèrent les sciences et les arts dans leurs temples pour entretenir l'ignorance et l'erreur, ce fut pour obéir à cette voix souveraine qui leur criait sans cesse : *Vis pour toi-même*, et il ne faut pas croire que les superstitions du paganisme éteintes, l'égoïsme n'en fit pas éclore de nouvelles. Il parut un homme sur la terre (que dis-je, un homme; c'était un Dieu) qui combattit l'ambition des sens avec les armes de la raison et de la vérité; sa parole fut grande et sublime; sa conduite exempte de passions et d'erreurs. Il mourut, l'égoïsme s'empara aussitôt de sa morale; il l'interpréta dans l'intérêt de ses appétits, et bientôt l'ouvrage du plus grand législateur du monde fut la cause de mille hérésies extravagantes qui inondèrent la terre de préjugés et d'erreurs.

Le propre de l'égoïsme est de s'emparer de tout ce qui a pris racine parmi les hommes, et de le pervertir ou de le corrompre. Les croyances religieuses de Confusius, de Boudna, de Moïse ne furent point méditées par la superstition et l'erreur; elles eurent pour but l'ordre et le bonheur social; ce fut l'égoïsme qui, dans la suite, les dépouilla de leur simplicité et les rendit vaines et ridicules.

L'esprit humain est tourmenté par un spasme continuel qui le pousse sans cesse au délire; il ne se plaît pas dans le vide du positif et du juste; il aime à tourner dans le cercle des illusions. Après des croyances absurdes il lui faut une philosophie absurde; ensuite des contes et des romans absurdes, avec des absurdités morales; il se crée des jouissances toujours nouvelles avec la vérité et la raison; il est soumis à une monotonie de sensations qui le fait végéter et mourir d'inanition.

C'est bien pourquoi l'égoïsme, en s'emparant des productions du génie, les modifie pour les approprier aux faiblesses de l'esprit, c'est ainsi qu'il en jouit sans obstacle, et quelquefois avec quelque apparence d'amour pour l'intérêt général.

Lorsque j'appliquerai cette vérité aux variations de nos politiques modernes, les aspirans au pouvoir la combatteront sans doute; mais je la défendrai avec une logique concluante. Je ferai paraître les personnages, je leur demanderai si du point d'où ils sont partis à celui où ils se trouvent, leur opinion et leur conduite offrent cette homogénéité de conviction et de principes, sans laquelle l'homme politique, n'est qu'un fourbe aux yeux de la raison; et peut-être je parviendrai à convaincre les fractions populaires, que les prétendus défenseurs de nos droits et de nos libertés, n'ont souvent que l'écorce d'un citoyen.

Si dans un siècle d'ignorance les puissances invisibles, les anges, les démons et tout ce qui tient à la métaphysique de l'imagination, a un ascendant souverain sur l'homme; dans un siècle de lumière, tout ce qui peut agrandir le pouvoir et la force politique de l'individu, est la marotte du peuple. Ainsi les systèmes qui proclament des droits et des libertés, ceux qui égalisent les fortunes et nivellent les conditions, la souveraineté du peuple, l'infaillibilité de l'opinion, sont dans ce siècle de puissans moyens d'influence et de séduction; et depuis l'immoral Mirabeau jusqu'au tourmentant Manuel, ce furent les élémens de fortune et de grandeur de tous ceux que l'ambition amena sur la scène politique. Sans doute les hommes doivent être gouvernés par les grandes capacités sociales; mais que le talent et le génie ne travaillent qu'à faire des dupes et jamais de citoyens, que le peuple soit éternellement condamné à vivre dans la superstition et les préjugés religieux, ou dans les illusions et les erreurs politiques, voilà qui ne fait pas honneur à la raison humaine.

Cependant lorsque la société a acquis un certain degré de force morale, que le temps et l'expérience ont mûri sa prévoyance et sa sagesse, il semble que les hommes devraient un peu mieux se connaître et s'apprécier, et un peu moins écouter les ambitieux qui cherchent à envahir le pouvoir par des moyens mille et mille fois mis en pratique.

L'homme éclairé doit marcher lentement et avec prudence dans la carrière du perfectionnement social; s'il se passionne, s'il s'enthousiasme pour les innovations politiques, il tombe dans les extrêmes et devient, sans le savoir, l'instrument de quelque grand coupable. C'est bon à ceux qui veulent exploiter les prétentions et les vanités populaires, de faire les novateurs et les démagogues; lui, doit consulter sa conscience, elle lui dira que ce n'est point dans la passion de jouir d'une grande liberté, mais dans la sympathie générale des citoyens, pour tout ce qui est bon et juste, qu'il trouvera la force et le bonheur.

S'il est juste que l'homme éclairé jouisse de tous les avantages de la vie sociale, il est nécessaire aussi pour jouir sans confusion et sans désordre, qu'il sache le point où il doit s'arrêter, afin que le droit ne devienne point un abus et la liberté une licence. Ce point est difficile à saisir; les publicites anciens et modernes l'ont vainement cherché, et les Codes nombreux qui sont sortis de leurs mains en font preuve. Il y a pourtant un point rationel en politique, où l'homme éclairé peut jouir sans contrainte et sans désordre, de tout ce que la raison et la justice lui accordent de droit et de liberté; mais le peuple peut-il y arriver, j'en doute, et ce qui me fait parler ainsi, c'est l'histoire du passé. Depuis un demi-siècle la nation française a voulu atteindre ce point de mire, et elle n'a fait que des extravagances, ou plutôt elle a servi d'instrument à l'égoïsme politique pour déplacer le pouvoir et les fortunes.

Il est cruel de le dire, l'esprit humain se prend toujours dans les mêmes filets. Il a un temps pour les préjugés et les erreurs, il en a un pour les vanités et les prétentions. L'égoïsme politique sait bien faire la différence de ces deux périodes morales. Il exploite merveilleusement la faiblesse capitale des peuples éclairés, avec des systêmes, des théories, des comptes rendus, des professions de foi et de vaines promesses, et cette tactique n'est pas nouvelle. Alcibiade, Périclès, Catilina, Antoine, avaient leur système de gouvernement, ils faisaient des professions de foi au peuple et rendaient aussi des comptes.

J'ai voulu montrer que l'égoïsme pervertit les hommes, corrompt les institutions, et abuse de tout ce qui est de création humaine; et j'avais en écrivant sur ce sujet un but d'intérêt général, l'égoïsme politique est celui qui exerce le plus d'empire sur la pensée, et qui provoque les licences et les écarts les plus dangereux de l'esprit; aussi ingénieux et peut-être plus fourbe que l'égoïsme religieux, il prend les hommes par leurs propres faiblesses et les pervertis à force de louange et d'encens. C'est en écoutant son langage perfide que les peuples célèbres tombèrent de la plus haute civilisation, à la plus déplorable décadence. Du moment qu'il fut permis aux philosophes de tout dire, et aux politiques de tout innover, Rome et la Grèce furent la proie de tous les genres de perversité et de misère, et le jet de lumière qui fit naître les Démosthène et les Cicéron, engendra les Alexandre et les César.

Si quand l'égoïsme politique n'avait qu'une influence bornée, et une action qui ne s'étendait que dans un sénat ou sur une place publique, il a su bouleverser les états, je laisse à penser ce qu'il peut faire aujourd'hui, que la presse lui donne une force immense et des moyens si puissans.

Considérations historiques sur la presse et sur son influence, depuis sa naissance jusqu'au règne de Louis XVI.

Ce n'est pas sans répugnance que j'entre dans le labirynthe que les passions et l'égoïsme politiques ont élevé sur la plus utile et la plus sublime des découvertes, mais je dois tenir ma promesse et justifier le titre de mon ouvrage.

Qui dit la presse, dit l'art de l'imprimerie; depuis qu'on a appliqué un droit à la faculté de publier ses pensées et ses opinions, par le moyen de l'impression. L'exercice de ce droit a été appelé : liberté de la presse. Je laisse de côté tout ce que cette expression a de vicieux et l'abus qu'on en a fait, pour ne m'occuper que de la chose.

La liberté de la presse a été vue et comprise de tant de manières par les gouvernans et les gouvernés, les partis et les factions, ou si cruellement défiguré son élément de force et de grandeur, et si indignement abusé de ses moyens d'influence, que si je voulais fonder mon opinion sur les opinions déjà émises, il me serait impossible de soumettre à une analyse exacte l'action qu'elle exerce sur le corps social, et d'arriver par des conséquences justes à un système de conviction sur sa force morale et politique.

Un aveugle patriotisme a tellement exalté les avantages de la liberté de la presse, que le peuple, qui se fanatise plutôt pour d'agréables chimères que pour d'importantes vérités, c'est fanatisé pour elle, de sorte que cette liberté est devenue à ses yeux le type de toutes les libertés, la cause première de toutes les perfections gouvernementales, le droit des droits que le génie de la civilisation a consacré sur l'autel de la patrie.

Pauvre peuple, éternel instrument de l'égoïsme

et de l'ambition de tes flatteurs, je ne te fais pas un crime de tes croyances (quelque erronées qu'elles puissent être), puisqu'elles sont le fruit de ton éducation et de tes faiblesses; mais permets-moi de ne pas partager ton erreur et de te dire ce que je pense, ne crois pas cependant que, sans égard pour ta vieillesse, je vienne t'arracher à des illusions qui te sont chères; je ne suis pas de ceux qui, par calcul ou par enthousiasme, déifient ou dévorent l'ouvrage des siècles; je ne briserai point l'idole des temps modernes, je la dépouillerai seulement des charmes empruntés, dont trop souvent une ambitieuse perfidie l'a parée.

Sortie du cerveau du génie avec la puissance qui produit les grandes choses et la force qui les soutient, portée jusqu'au bout du monde sur les ailes de la Renommée, la presse, dè sa naissance, a opéré comme la religion du Christ une révolution glorieuse pour l'esprit humain. Comme elle, elle a fixé les droits et les libertés de l'homme, reculé les bornes de sa raison, amélioré son existence sociale, et dans son rapide développement, elle a exhumé de la poussière la science des siècles, multiplié les ressources de l'intelligence, assuré la marche progressive des sciences et des arts, agrandi et rendu plus fertile l'empire des découvertes, et en cumulant et conservant les œuvres du génie, elle a rendu plus large et plus stable la carrière du perfectionnement, et permit aux générations naissantes de jouir des travaux de celles qui les ont précédées.

La presse n'est pas comme ces découvertes qui, dans leurs limites géométriques, restent stationnaires dans leurs causes et dans leurs effets; elle a une puissance d'activité immense variée et toujours nouvelle, c'est la force qui propage et qui conserve, c'est la vertu qui forme et qui épure. Depuis sa naissance, elle marche comme le temps sans rouiller et sans vieillir, et comme l'œuvre de Dieu, elle surnage toutes les vicissitudes et toutes les destructions; c'est elle qui suit le mouvement moral pour en conserver les merveilles et en assurer le progrès, et qui dit aux nations : produisez, perfectionnez, ne craignez pas que des hordes de barbares ou quelque farouche sultan viennent arrêter l'essor de votre intelligence; je suis là pour ressusciter tout ce que la dévastation et l'incendie peuvent détruire.

Lorsqu'on sait sur combien d'absurdes théories les pouvoirs humains étaient établis, lorsqu'on se représente les droits et les libertés de l'homme renfermés dans quelques formules théocratiques et féodales, on ne doit pas s'étonner que la presse ait eu en naissant pour ennemis, les papes, les conciles,

les rois, les parlemens, et toutes les puissances de la terre; elle venait, comme le Verbe, porter la lumière dans les ténèbres, et restituer à la nature et à la raison ce que l'égoïsme politique leur avait enlevé.

Cependant, l'état d'abrutissement dans lequel se trouvait alors la société, bien plus encore que les tracasseries du pouvoir, rendît les premiers efforts de la presse inutiles, et j'ose dire peu avantageux à la civilisation; obligés de satisfaire le goût dépravé de leur siècle, tout ce que firent les écrivains fut barbare comme les mœurs, et absurde comme les croyances, les histoires n'étaient que de longs récits d'actions superstitieuses, les romans et les pièces de théâtre que des scènes de fantasmagorie, qui avaient pour principaux personnages les anges, les démons, les fées et toute la mythologie du moyen âge; ces productions sans couleurs et sans caractère, répandues par le secours de la presse n'augmentaient pas la barbarie et l'ignorance, mais elles rendaient le peuple plus superstitieux et plus attaché à ses préjugés.

L'esprit sans la raison est faible et crédule, un rien l'égare et le perverti, et tout effet dont il ignore la cause, est pour lui l'action d'une main invisible. Les magiciens, les nécromantiens, hommes les plus influans des siècles barbares, avaient imaginé une foule d'être fantastiques que nos bons aïeux prenaient pour autant de puissances surnaturelles qui dominaient leurs destinées. En recueillant ces misères de l'imagination, la presse les groupait en tableaux et en faisait des peintures animées qui les rendaient plus agréables aux yeux du peuple et en perpétuaient la tradition.

Cependant dans ce temps même, je veux dire dans les quinzième et seizième siècles, elle digérait dans un laborieux travail l'œuvre de la restauration sociale, et préparait les voies du perfectionnement; on la voyait recueillir dans le silence des cloîtres, les restes épars de la savante antiquité, ressuciter les monumens historiques et les origines des peuples; faciliter dans leurs immenses travaux les alchimistes, les physiciens, les astrologues et tous ces grands travailleurs qui, tout en cherchant la pierre philosophale, ont eu la gloire de dérober à la nature ses plus importans secrets, et de découvrir ses plus grandes merveilles. Enfin, à cette époque, la presse assura la postérité contre la barbarie et l'ignorance, et ce fut le premier et le plus grand de ses bienfaits.

En facilitant les opérations de l'esprit et l'élan de la pensée, la presse devait développer rapidement les talens naturels et les facultés de l'âme. Déjà l'Allemagne avait des savans, l'Angleterre des penseurs profonds, et la France de grands poètes. Le dix-septième siècle avait vu naître les Leybnitz, les Bacon, les Corneille, et une foule de génies supérieurs qui, nourris de l'esprit des anciens, suivaient avec plus d'ordre et plus de méthode la carrière des sciences et des arts. Un mouvement général s'opérait dans l'intérêt de la condition humaine et dans celui de la civilisation. Henri VIII, en appelant la réforme dans ses états; Richelieu, en centralisant en France la puissance gouvernante, provoquaient une révolution dans les mœurs et dans les croyances qui devaient mettre ces deux peuples à la tête de la civilisation de l'Europe. La presse seconda de tous ses efforts ces deux mutations politiques, et son influence ne fut point d'un faible secours pour vaincre les obstacles de l'ignorance populaire. L'abrutissement et l'ilotisme étaient devenus pour les masses une habitude, ou, comme dit Pascal, une seconde nature; elles se plaisaient dans l'avilissement et dans la misère, et il fallut long-temps pour les arracher à la perversité de leurs goûts.

Sans doute l'esprit tend toujours, par la méditation et par l'étude, à atteindre les hautes régions que la nature lui a assignées; mais jamais ses progrès ne sont plus rapides que lorsqu'un grand homme, ami des sciences et des arts, donne l'impulsion à son siècle, et le pousse vers les perfections sociales.

Richelieu aimait la littérature, et cette littérature riche, brillante, animée qui polit les mœurs et fait aimer la vérité. A son avènement au pouvoir, il ne fit pas comme ces ministres qui ne font rien moins que ce que commandent l'honneur et la patrie; il commença par faire respecter la France en dehors, et par la rendre forte et puissante au dedans. Après avoir humilié l'Espagne et forcé les souverains de l'Europe de nous estimer et de nous craindre, il s'occupa de l'intérieur du royaume; le régime féodal abrutissait le peuple et donnait aux mœurs nationales une teinte de férocité et de barbarie; il attaqua ce régime dans sa base, en forçant les grands de venir graviter autour du trône du monarque; les lumières étaient seules capables de ramener l'homme à sa dignité et à sa véritable grandeur; il créa des académies, des colléges, des écoles; il fonda des bibliothèques; il se mit à la tête des savans, les prit sous sa protection, et les combla de ses bienfaits; la presse, protégée et encouragée sous son ministère, multiplia ses moyens d'influence, et versa des torrents de lumières sur toutes les classes de la société.

Richelieu fut injuste envers Corneille, il oublia Menars; mais quel est l'homme qui n'a pas ses vanités et ses oublis. Il fut, dit-on, d'une sévérité cruelle. Dans un siècle d'ignorance, pour faire le bien, il faut commencer par être despote, et souvent alors on ne peut l'être qu'au dépend de l'humanité. Cette sévérité dont on le blâme, avança de plus d'un siècle la civilisation, et ce fut une des perfections de son caractère politique. Enfin le ministre de Louis XIII descendit dans la tombe avec la gloire d'avoir préparé les élémens de prospérité d'un siècle mémorable, et que l'on ne peut comparer qu'à celui qui semble placé dans la nuit des temps pour servir de modèles aux siècles à venir.

. . .

Après Richelieu, les bienfaits de la presse devinrent plus grands et plus répandus; mais ses abus commencèrent.

. . .

Les règnes de Louis XIV et de Louis XV font époque dans les annales du monde; on y voit tous les genres de gloire et le germe de toutes les perfections sociales; mais les passions et les vanités s'y développent avec une effrayante rapidité, et l'esprit et le cœur tournent dans un tourbillon de désirs et de sensations qui les égarent et les pervertissent.

Si à cette époque le pouvoir eût été prudent et

sage, s'il eût un peu moins pensé à lui et un peu plus à la société, il aurait pu faire arriver la civilisation à un état de perfection durable. Dans l'exaltation où se trouvaient les esprits, il aurait dû faire une loi forte pour réprimer les écarts de l'imagination et les abus de la pensée, et surtout établir et régler les droits de la presse. Il ne devait pas se déclarer l'ennemi d'une découverte si attrayante pour l'esprit humain, et contre laquelle devaient nécessairement échouer tous les efforts de sa puissance.

Il fallait, au contraire, qu'il la prît sous son patronnage et qu'il l'entourât d'une protection légale; c'est ainsi qu'il aurait pu la dominer et diriger au besoin sa force politique. Mais dans cette crise morale, il se montra étroit dans ses vues et petit dans ses moyens; il se contenta de se venger et de se défendre en attaquant la presse par des bulles, des arrêts et des ordonnances : de cette manière il écarta la foudre, et laissa à d'autres le soin de la dissiper. Cependant, il connaissait la ligue et sortait à peine des guerres de la fronde; il savait par expérience quel parti les factions retirent des armes qu'on laisse entre leurs mains, et il ne devait pas ignorer que la presse en était une puissante et celle qu'on prendrait toujours pour le combattre et pour le vaincre.

Du reste, quel fut le résultat de cet égoïsme mal entendu, d'abord dans ses rigueurs contre la presse? Le pouvoir fit un étrange abus de la force et montra une indifférence encore plus étrange pour les intérêts moraux de la nation ; il permit de tout écrire, hormis ce qui pouvait choquer les pouvoirs existans ou heurter les doctrines reçues ; il faisait brûler ou pendre quiconque écrivait contre un ministre prévaricateur ou un financier infidèle, et il soutenait et protégeait souvent l'écrivain licencieux et pervers. De là il arriva ce qu'il arrive aujourd'hui et ce qui arrivera toujours lorsqu'on donnera aux passions la liberté de s'agitter et de se combattre, et qu'on leur laissera des moyens terribles de vengeance. Les ordres monastiques nourrissaient un égoïsme et une fourberie d'intention qui les rendaient ennemis de toute célébrité qui n'était pas sortie de leur sein. Disputeurs, ergoteurs par désœuvrement et par goût, ils attaquaient tout ce qui avait l'ombre d'un savant ou d'un sage ; méchant et fourbe comme on peut l'être lorsqu'on est partisan ou moine, une proposition qui n'existait pas, un sens, une phrase, un mot, interprétés à leur manière, suffisaient pour leur faire écrire des volumes de polémique, dans lesquels toutes les questions de haute philosophie, de morale, de politique et de religion étaient traitées dans l'unique intérêt de leurs passions. Ces disputes, alimentées par la haine, la perfidie et le mensonge, faisaient le même effet que celles de nos égoïstes politiques; elles pervertissaient l'esprit du peuple, et provoquaient l'insubordination et la révolte.

D'un autre côté, la cour, qui aimait les plaisirs, aimait aussi la licence; le libertinage s'était incrusté dans ses mœurs et dans ses habitudes, et la corruption y était telle, que l'immoralité était devenue une occupation, et le scandale un amusement. Avide de sensualité, il fallait nourrir ses voluptueux loisirs par toutes sortes de frivolités littéraires; il fallait, pour échauffer ses penchans et servir ses passions, parodier sa lubricité et ses vices; son goût, pur du reste en fait d'ouvrage d'esprit, lui faisait rechercher une littérature forte de sentimens et de pensées; elle n'aimait pas le romantisme, et cette poésie toute de figures que les médiocrités de notre siècle ont mis en vogue, le mot, l'expression qui rendaient le plus fidèlement la nature, étaient pour elle le sublime du talent. Cependant, rien de plus romanesque que les femmes; il fallait écrire, soupirer, se lamenter, et passer par toute la filière du sentiment avant d'arriver au bonheur de leur plaire.

Pendant toute cette période de temps, la presse ne resta pas oisive, les romans, les chansons, les mémoires, les amours, les intrigues, tout ce qui avait été fait ou écrit à la cour et à la ville, dans les cloîtres et dans les académies, fut imprimé et répandu avec une incroyable profusion; ainsi les mœurs des grands passèrent rapidement chez le peuple, et la nation fut pervertie avant d'avoir été régénérée.

Il ne m'appartient pas de décider qu'elle fut l'influence que les règnes de Louis XIV et de Louis XV exercèrent sur l'intérêt politique de l'homme et sur la société en général. Obligé de me renfermer dans mon sujet, je dirai que la presse alors fit beaucoup pour l'esprit et peu pour le cœur, elle éclaira l'un et ne corrigea pas l'autre; elle polit et civilisa la nature, mais elle n'empêcha pas l'égoïsme des sens de marcher de front avec les lumières, et il en résulta qu'avec de l'esprit pour voir juste et de la raison pour marcher droit, les passions et les besoins dominèrent, et on tomba dans les extrêmes.

Les Français, il est vrai, se corrigèrent de toutes les illusions des temps antiques, ils n'eurent ni sorciers ni magiciens pour les entretenir dans la superstition et les préjugés; mais il parut des philosophes et des politiques qui leur souflèrent l'orgueil et les prétentions sociales; à leur école, ils apprirent à être plus méthodiques et plus positifs, mais ils devinrent plus égoïstes, plus froids et plus indifférens; et du moment qu'ils purent voir les choses sans prestige et avec les yeux de la raison, l'intérêt particulier devint leur mobile et la fortune leur idole.

Ce fut ainsi qu'on arriva au règne de l'infortuné Louis XVI, alors la société prit une physionomie toute nouvelle, et les esprits se laissèrent entraîner à un autre genre d'illusions, alors commença le drame politique dont le dénouement est encore à venir. Il me reste à prouver avec quelle audacieuse constance les égoïstes politiques abusèrent de l'influence que la presse exerçait sur le peuple et du fruit qu'ils en retirèrent, ce sera le sujet de ma seconde brochure.

FIN.

www.ingramcontent.com/pod-product-compliance
Lightning Source LLC
LaVergne TN
LVHW010056230826
846091LV00005B/1952
9782011774811